Klaus Dewes und Ulrich Türk

Gestatten, Heinrich Heine

illustriert von Frank Ruprecht

im Patmos Verlag

Schwann

Zu diesem Buch ist die gleichnamige Hörspielcassette erschienen:
pläne MC 8708/847206

CIP-Titelaufnahme der Deutschen Bibliothek

Gestatten, Heinrich Heine / Klaus Dewes und Ulrich Türk.
Ill. von Frank Ruprecht. – Düsseldorf : Patmos, 1991
(Gedichtezeit)
ISBN 3-491-37233-X
NE: Dewes, Klaus; Ruprecht, Frank

© 1991 Patmos Verlag, Düsseldorf
Alle Rechte vorbehalten, auch auszugsweise.
1. Auflage 1991
Notensatz: PPP PrePrintPartner GmbH, Bonn
Satz: Fotosatz Moers, Mönchengladbach
Druck und Verarbeitung: Druckerei Rasch, Bramsche
ISBN 3-491-37233-X

Inhalt

Ein Dichter wird geboren
Mußte es ausgerechnet ein 13. sein?

Am frühen Morgen des 13. Dezember 1797 rumpelte eine Pferdekutsche mit beträchtlichem Lärm durch die Bolkerstraße in Düsseldorf. Unsanft wurden die Anwohner aus dem Schlaf gerissen. Wer neugierig zum Fenster eilte, konnte miterleben, wie die Kutsche vor dem Haus Nr. 10 angehalten wurde und zwei Frauen – in warme Umhänge und große Kopftücher gehüllt – mit prallen Leinentaschen eilig im Eingang des einstöckigen Tuch- und Manufakturwaren-Ladens von Samson Heine verschwanden. Da wußten es alle: Seine Frau Betty würde noch an diesem Tag ihr erstes Kind bekommen.

Kaum war die Kutsche davongerollt, setzten heftige Wehen ein. Die beiden Geburtshelferinnen breiteten ihre Tücher und Instrumente aus und sorgten für warmes Wasser. Und als die feine englische Standuhr im Wohnzimmer, wo Samson Heine händeringend auf und ab ging, die achte Stunde schlug, ertönte zartes, ängstliches Kindergeschrei.
Stimmen wurden laut, eine näherte sich.
»Gnädiger Herr«, sprach die eine in sein Gehen hinein, »kommen sie hinüber zur gnäd'gen Frau. Alles ist gut verlaufen!«
Betty, seine Frau, lag halb aufgerichtet in einem wahren Kissenberg, die Haare leicht verschwitzt, ein in Windeln gewickeltes, ruhiges Kind auf der Brust, und beide lächelten.
»Komm«, flüsterte sie ihrem Mann zu. »Nimm ihn selbst und sag, welchen Namen du dir für deinen Erstgeborenen ausgesucht hast.«
Langsam, ein wenig scheu, trat Samson Heine näher, nahm das Kind nicht hoch, sondern legte ihm nur leicht die Hand auf das lichte helle Haar und sagte feierlich: »Noch heute, an diesem 13. Dezember im Jahr des Herrn 1797, werde ich unseren Erstgeborenen mit dem Namen Harry – benannt nach meinem lieben Geschäftsfreund in **Liverpool** – in unsere Familienpapiere eintragen lassen!«
Samson Heine beugte sich über die Bettstatt, drückte erst seiner Frau, dann seinem Sohn einen Kuß auf die Stirn, nickte den beiden Hebammen im Hintergrund des Zimmers freundlich zu und ging hinaus in die **Manufaktur**. Dort nahm er aus einem gediegenen englischen Sekretär das Familienstammbuch und ließ noch im Laufe des Vormittags die Geburt seines Sohnes im Stadthaus dokumentieren.

Bald danach brannte übrigens das Archiv dieses Stadthauses ab – und mit ihm wurde das Geburtsregister ein Raub der Flammen. Nicht sehr getroffen von diesem Verlust, nutzte der einfallsreiche und witzige Spötter Heine diese Tatsache später listenreich und verwirrte nicht nur die Menschen seiner Tage, sondern vor allem die Literaturwissenschaftler bis nahezu in unsere Zeit mit der frech erfundenen Behauptung, er sei genau um Mitternacht im Jahr 1800 als erster aller Menschen an der Schwelle zum nächsten Jahrhundert geboren worden. Viele Menschen glaubten Heine diesen fein gesponnenen Scherz – und er hat oft und schallend darüber gelacht.

Von Harry zu Heinrich

Familie Heine war jüdischen Glaubens, doch fühlte sich Harry schon als junger Mann der **Bergpredigt** näher als den Verheißungen des jüdischen **Talmud**. Und so bedurfte es nur eines kleinen Anstoßes, um den Entschluß zu fassen, sich christlich taufen zu lassen. Ausschlaggebend war seine Begegnung mit dem gleichaltrigen Pastor Gottlob Christian Grimm, den er 1825 im preußischen Städtchen mit dem bezeichnenden Namen Heiligenstadt kennenlernte.

Als Taufunterlage brauchte er schon damals, was wir heute ein Polizeiliches Führungszeugnis nennen. Nämlich die Bestätigung eines bis dahin untadeligen Lebenswandels. Die schrieb ihm ein Kirchenvorsteher aus Göttingen, und der Bischof war hoch zufrieden damit, denn in diesem »Gutachten« hieß es: *»Seine beiden Hauswirte, bei denen er nacheinander gewohnt hat, geben ihm das vorteilhafteste Zeugnis und rühmen seine stille und eingezogene Lebensweise. Etwas Nachteiliges höre ich nirgends von ihm. Man beschreibt ihn als fleißig und rühmt sein Dichter-Talent.«*

Am 28. Juni 1825 wurde Harry feierlich getauft. Und wie es sich für eine richtige Taufe gehört, bekam Harry auch einen Namen. Einen neuen Namen. Den deutschen Namen, den er sich als Verehrer der deutschen Sprache schon immer gewünscht hatte: Heinrich.

Samson und Betty

Das niedrige Wohn- und Geschäftshaus der Familie Heine stand in der Bolker-straße 10 in Düsseldorf, nicht weit vom Rhein übrigens, von dem Heinrich 1844 schrieb:
»Ja, mir gehört er, durch unveräußerliches Geburtsrecht, ich bin des freien Rheins noch weit freierer Sohn, an seinem Ufer stand meine Wiege, und ich sehe gar nicht ein, warum der Rhein irgend einem Andern gehören soll als den Landeskindern.«

Vater Samson war ein lebenslustiger Mann; Wein, Weib und Gesang mehr zugetan als den Geschäften. Er liebte Uniformen und **Tambourmusik**, sein Handeln war eher ein Spielen, sein Leben war angelegt wie ein ewiger Sonntag. Heinrich:
»Dies Lächeln, das manchmal um seine Lippen spielte... war der süße Wider-schein seiner Seelengüte.«
Zum Vater fühlte sich der zarte, blasse Knabe Heinrich mehr hingezogen als zur resoluten Mutter. Oft wanderte er mit ihm hinaus ans Stadttor zu den fröhlich zechenden Wachsoldaten, sah dem Vater beim Kartenspiel zu, besuchte die Pferdeställe und **Wagenremisen** oder tollte mit den Wachhunden. Heinrich:
»Er war vor allen Menschen derjenige, den ich am meisten auf dieser Erde geliebt.«

Mutter Betty war anders, klein von Gestalt, von lebhaftem Temperament und die »Regentin« im Hause Heine. Sie sprach Englisch und Französisch, las Latein und konnte mit Geld gut umgehen. Kein Wunder, daß sie aus ihrem Ältesten einen Bankier wie den berühmten **Baron Rothschild** machen wollte. Und sie nahm Heinrich, der viel lieber Märchen und Romane las, als sich mit Zahlen zu beschäftigen, die geliebten Bücher weg und versteckte sie. Also las Heinrich heimlich und schrieb bald erste Gedichte. Sein allererstes sagte er schon mit fünf Jahren zum Geburtstag seiner Lieblingsschwester Charlotte auf.

Vier Kinder bekam Betty Heine und überlebte ihren Mann, der 1828 starb, um viele Jahre. Ihren praktischen Sinn, ihre Geradlinigkeit und ihren Gerechtig-

Betty

keitssinn bewunderte Heinrich zeitlebens. Auch wenn er es nicht so zeigte, hing er sehr an seiner Mutter und litt heftig unter der Trennung von ihr. 13 Jahre sollte es dauern, bis er von Paris aus, seinem freiwilligen **Exil**, sie besuchen konnte. Eines seiner ergreifendsten, aber auch am meisten mißverstandenen Gedichte handelt wesentlich von ihr.

Nachtgedanken

Denk ich an Deutschland in der Nacht,
Dann bin ich um den Schlaf gebracht,
Ich kann nicht mehr die Augen schließen,
Und meine heißen Tränen fließen.

Die Jahre kommen und vergehn!
Seit ich die Mutter nicht gesehn,
Zwölf Jahre sind schon hingegangen;
Es wächst mein Sehnen und Verlangen.

Mein Sehnen und Verlangen wächst.
Die alte Frau hat mich behext,
Ich denke immer an die alte,
Die alte Frau, die Gott erhalte!

Die alte Frau hat mich so lieb,
Und in den Briefen, die sie schrieb,
Seh ich wie ihre Hand gezittert,
Wie tief das Mutterherz erschüttert.

Die Mutter liegt mir stets im Sinn.
Zwölf lange Jahre flossen hin,
Zwölf lange Jahre sind verflossen,
Seit ich sie nicht ans Herz geschlossen.

Deutschland hat ewigen Bestand,
Es ist ein kerngesundes Land,
Mit seinen Eichen, seinen Linden,
Werd ich es immer wiederfinden.

Nach Deutschland lechzt ich nicht so sehr,
Wenn nicht die Mutter dorten wär;
Das Vaterland wird nie verderben,
Jedoch die alte Frau kann sterben.

Seit ich das Land verlassen hab,
So viele sanken dort ins Grab,
Die ich geliebt – wenn ich sie zähle,
So will verbluten meine Seele.

Und zählen muß ich – Mit der Zahl
Schwillt immer höher meine Qual,
Mir ist als wälzten sich die Leichen
Auf meine Brust – Gottlob! sie weichen!

Gottlob! durch meine Fenster bricht
Französisch heitres Tageslicht;
Es kommt mein Weib, schön wie der Morgen,
Und lächelt fort die deutschen Sorgen.

Der kleine Heinrich

So wie Heinrich sein Leben lang ein kämpferischer, temperamentvoller und lustiger Mensch und Dichter war, so gebärdete er sich auch schon als Kind. Er steckte voller Überraschungen, liebte spaßige Streiche und ließ keine Gelegenheit aus ... zu naschen. Er aß furchtbar gern Süßes, nur gab es davon selten etwas. Und noch lieber mochte er Obst, doch das stellte die Mutter meist hoch auf den Wohnzimmerschrank. Für Heinrich dennoch nie hoch genug. Eines Tages hörte Mutter Betty bei ihrer Küchenarbeit nebenan ein seltsames Rutschen und Schieben. Und als sie im Wohnzimmer leise nach dem Rechten sah, erblickte sie den vierjährigen Heinrich, wie er gerade einen Stuhl an den Schrank schob. Dann sah sie ihn hinaufsteigen, von da auf das Schrankbord klettern und schließlich aus der Obstschale die seltenen französischen Weintrauben nehmen, die ihr Mann von seiner letzten Einkaufsreise mitgebracht hatte. Das ging nicht ohne Strafe ab. Außer einem kräftigen Klaps wurde Heinrich – ohne die Trauben natürlich – für drei lange Stunden in den stockdunklen Hühnerstall hinter dem Haus gesperrt.

Heinrich interessierte sich in seinen Kindertagen aber nicht nur für Süßes und Obst, sondern ebenso für alles Geschriebene: Zahlen und vor allem Buchstaben. Das war nicht selbstverständlich, denn nur die wenigsten Menschen konnten zu Beginn des 19. Jahrhunderts lesen und schreiben. Aber in einem Kaufmannshaushalt mußte natürlich gerechnet und geschrieben werden. Außerdem war die Arzttochter Betty Heine eine gebildete Frau. Sie schrieb schon sehr früh mit Kreide auf all die Türen, durch die Heinrich tagaus, tagein hinein oder hinaus mußte, Buchstaben und kleine Wörter. Und so konnte Heinrich schon lesen und ein wenig schreiben, bevor er mit fünf Jahren, zusammen mit einigen anderen Kindern begüterter Familien, in der Privatklasse von Frau Hindermann täglich mehrere Stunden lang unterrichtet wurde.

Heinrich war der einzige Junge in der Klasse – und der lauteste und frechste, aber auch derjenige, der am schnellsten auffaßte und allen anderen weit überlegen war. Aber seine Lehrerin Frau Hindermann mochte er trotz allem nicht. Sie war alt und streng und wackelte mit dem Kopf und schlug den Kindern mit einem Stock die Hände blau und blutig. »Ich hasse Sie!« hat Heinrich sie deshalb einmal unbeherrscht angeschrien und ihr als Schabernack feinen Sand zwischen den Schnupftabak gemischt.

14

Mit neun Jahren wechselte Heinrich dann in ein ehemaliges Düsseldorfer **Lyzeum**, ein altes Klosterinternat. Die Schulsprache war Französisch, und er lernte vor allem Latein, Geographie, französische Grammatik und Literatur und katholische Religionslehre. Prügel gab es in dieser Schule schon bei der kleinsten Gelegenheit, und es herrschte eine militärisch strenge Ordnung. In Reih und Glied wurde in den oder aus dem Unterricht marschiert. Sergeanten überwachten die Marschordnung und kündeten Beginn und Ende des Unterrichts mit Trommelwirbeln an. Briefe an die Eltern wurden vom **Censeur** kontrolliert, Taschengeld gab es – karg bemessen – vom **Proviseur.**

Es war die Zeit nach der **Französischen Revolution** und ihres stärksten Mannes: **Napoleon**. Deutschland löste sich als Nation auf. Napoleon war Kaiser, besetzte das Rheinland, setzte Düsseldorf als Hauptstadt des neugeschaffenen **Großherzogtums Berg** und seinen Schwager Joachim Murat als Großherzog ein. Französische Gesetze, französische Beamte, französische Soldaten, französische Sprache – die Ziele der Französischen Revolution von 1789: **Liberté, Égalité, Fraternité** beherrschten das in viele Länder zerfallene Deutschland, besonders alle deutschen Gebiete links des Rheins.

Die Égalité vor allem, die Gleichheit aller Menschen vor dem Gesetz statt der Vorherrschaft von Adel und Kirche, begeisterte den heranwachsenden Heinrich und bestimmte sein Leben wesentlich.

So ein Dickschädel

In der Familie Heine ging es ruhig und ordentlich, nicht selten auch sehr lustig zu. Vor allem Vater Heine feierte gern, und viele Gäste gingen ein und aus. Von den vier Kindern weiß man, daß sie sich gut verstanden und nur selten zankten. Eine Ausnahme bildete Heinrich. Oft nämlich schimpften die Eltern mit ihm, wenn er heftig aufbrauste und verlangte, daß seine jüngeren Geschwister *»das Maul halten«* sollten. Dem Grund dafür gingen sie nicht weiter nach, obwohl Heinrich sich oft über den *»furchtbaren Lärm«* im Haus und auch über ihr *»lautes Gerede«* beschwerte.

Heute wissen wir, daß er sehr unter einer Überempfindlichkeit seines Gehörs litt.

Vielleicht war das auch der Grund dafür, daß er nicht Violine spielen wollte. Aber er mußte, weil sich das für einen Jungen aus besseren Kreisen so gehörte; und sein Lehrer kam fast täglich.

Seine Mutter lauschte stets mit Entzücken dem raschen Fortschritt seines Spiels und erzählte stolz allen Freunden und Bekannten, wie begabt Heinrich doch sei. Als das Violinspiel eines Tages besonders schön aus dem Musikzimmer zu ihr herüberklang, überkam sie der Wunsch, Heinrich nicht nur spielen zu hören, sondern auch spielen zu sehen.

Unbemerkt und erwartungsfroh öffnete sie die Tür zum Musizierzimmer – und schrie laut auf. Heinrich nämlich lag flegelhaft auf dem **Diwan**, während der Lehrer Heinrichs Violine die bezaubernden Töne entlockte, die sie so magisch angezogen hatten.

Nun sollte auch Heinrich spielen, doch fiel er bei der Probe aufs Exempel kläglich durch. Sein Lehrer hatte eben schon immer für ihn gespielt ... und mußte deshalb anschließend auch für immer das Haus verlassen.

Was Dickschädel Heinrich nicht wollte, das tat er eben nicht. Weder das Violinespielen noch das Tanzen, obwohl sich auch das für einen inzwischen Zwölfjährigen aus besseren Kreisen so gehörte.

Der von der Mutter engagierte Tanzlehrer war ein kleiner, dürrer Mann, der den unlustigen Tanzschüler Heinrich stets mit lauten und groben Worten **traktierte**, weil dessen Beine und Füße nicht die zierlichen Tanzschritte und Figuren zu Wege brachten, wie sie der Meister forderte.

Als der dürre Lehrer eines Nachmittags besonders heftig zu Werke ging und

Heinrich mit Worten und Püffen immer wieder quälte, war es mit Heinrichs Beherrschung endgültig vorbei. Urplötzlich und wortlos packte er den zeternden kleinen Mann an Schultern und Beinen, trug ihn wie einen Säugling die wenigen Schritte über das Tanzparkett bis zum offenen Fenster – und warf ihn in hohem Bogen hinaus.

Heinrich wußte, daß der ungeliebte Lehrer sich nicht verletzen konnte, denn unter dem Fenster türmte sich . . . der Misthaufen des nachbarlichen Gehöfts. Trotzdem mußten Heinrichs Eltern ein saftiges Schmerzensgeld zahlen: nicht zur Wiederherstellung verletzter Gelenke, sondern zur Wiederherstellung der verletzten Ehre des Tanzlehrers.

Erste Liebe

Von seinen drei Geschwistern liebte Heinrich besonders Charlotte, die er Lottchen nannte. Auch liebte und verehrte er den großen Feldherrn und Kaiser Napoleon, seit er ihn 1811 mit Pauken und Trompeten in den Düsseldorfer Hofgarten hatte einreiten sehen.

Aber richtig verliebte sich Heinrich zum ersten Mal, als er mit Neunzehn im Landhaus seines Onkels Salomon in Ottensen an der Elbe seiner hübschen Kusine Amalie begegnete. Heinrich verliebte sich bis über beide Ohren. Und um all seinen heftigen Gefühlen Ausdruck verleihen zu können, begann er zum ersten Mal, ernsthaft zu dichten – und zu begreifen, daß Dichtung und Literatur ihm von nun an mehr als sein Leben bedeuten würden.

Amalie fühlte sich durch Heinrichs Anbetung zwar geschmeichelt, machte ihm jedoch bald klar, daß mit Zuneigung oder gar Liebe von ihrer Seite nicht zu rechnen war. Was Heinrich blieb: Enttäuschung im Gedicht auszudrücken.

Einst ein lachend munt'rer Knabe
spielt ich manches schöne Spiel.
Freute mich der Lebensgabe,
wußte nie von Schmerzgefühl.
Träumend süß auf grüner Aue

sah ich Bächlein fließend mild,
Wenn ich jetzt ein Bächlein schaue,
zeigt sich mir ein bleiches Bild.
Bin ein bleicher Mann geworden,
seit mein Auge sie gesehen.

Charlotte   *Napoleon I.*   *Amalie*

Studentenjahre

Dichten und Schreiben, das Heinrich fleißig und selbstkritisch betrieb, schenkten ihm Glück und Befriedigung, aber ernähren konnte er sich nicht davon. Ein »richtiger« Beruf mußte also her. Und weil ihm weder ein Leben als freier Kaufmann, noch als Bankkaufmann zusagte, wie es Mutter und Onkel Salomon wünschten, schrieb er sich in Bonn und später in Göttingen als Student der **Jurisprudenz** ein.

In Göttingen ging mit Heinrich eines Tages wieder einmal sein Temperament durch.

Bei einer heftigen Diskussion unter Studenten im Englischen Hof fühlte er sich von seinem **Kommilitonen** Wilhelm Wiebel aus Eutin heftig angegriffen und schließlich beleidigt und forderte ihn deshalb zum Duell auf. Doch was tödlich für einen der beiden Hitzköpfe hätte enden können, kam glücklicherweise gar nicht erst zustande. Der **Prorektor** der Universität hatte nämlich von dem Vorfall gehört, ließ die beiden Kampfhähne zur Abkühlung erst einmal zu sich kommen, wusch ihnen kräftig den Kopf, setzte die Uneinsichtigen über ihren Duell-Termin hinaus unter Arrest und verfügte später, im Einverständnis mit dem **Kuratorium** der Universität, einen neuntägigen Arrest für Wiebel und Heinrichs sofortige Verweisung aus Göttingen.

Heinrich ging nach Berlin.

Dort verkehrte er bald in angesehenen literarischen Salons, nahm an den Tafelrunden der **Bohémiens** teil, diskutierte mit den **Reformatoren** des Judentums und begegnete Geistesgrößen wie **von Humboldt, Hegel, Ranke** oder **Chamisso.** Heinrich erlebte seine ersten Erfolge und stieg bald selbst vom Bewunderer zum angesehenen Literaten auf.

Mutig geworden, schickte er 1821 dem von allen am meisten Bewunderten, dem Dichtergott **Goethe,** seine ersten Gedichte in der Hoffnung auf dessen Anerkennung und schrieb folgende Zeilen dazu:

»Ich liebe Sie . . . Ich küsse die heilige Hand, die mir und dem ganzen deutschen Volke den Weg zum Himmelreich gezeigt hat.«

Eine Antwort erhielt Heinrich nicht und war darüber sehr enttäuscht. Wahrscheinlich jedoch war es so, daß Goethe so viel Post mit der Bitte um Beurteilung bekam, daß er sie nicht einmal alle lesen konnte. Eine spätere Begegnung mit Goethe entschädigte ihn dann um so mehr.

Doch Heinrich wäre nicht Heinrich gewesen, wenn nicht bald seine Lebens-

freude die Enttäuschung vertrieben hätte. Es war, als hätte er geahnt, daß ihn eines Tages eine tückische Krankheit bis an sein Lebensende ans Bett fesseln würde, denn fortan tobte er sich in Berlin geradezu aus. »Lebenstoll ist er«, sagten die einen und schüttelten billigend oder mißbilligend die Köpfe. Als »trunkenen **Shakespeare**« bezeichnete ihn sein wilder Dichterkollege Christian Dietrich **Grabbe**. Heinrich selbst schrieb – vom Rausch der Bälle ergriffen – über jene Zeit:

»Wenn die Pauken donnern und die Trompeten erschmettern und lieblich Flöten- und Geigenstimmen lockend dazwischen tönen: dann stürze ich mich wie ein toller Schwimmer in die tosende, buntbeleuchtete Menschenflut und tanze und renne und scherze und necke jeden und lache und schwatze, was mir in den Kopf kommt.«

Doch der Examenstermin rückte näher. Heinrich zog sich nach Lüneburg in die *»Residenz der Langeweile«* zurück, wie er es nannte, um für seine Prüfungen zu büffeln. Sein einziger Trost: seine ersten Gedichte erschienen und wurden überall gerühmt. Für seinen Band *»Die Tragödien nebst einem lyrischen Intermezzo«* erhielt er sein erstes Honorar: 40 Freiexemplare! Also nicht, wie erwartet, Geld.

Überhaupt war Geld für Heinrich immer ein Problem. Die Eltern hatten ihre Manufaktur aufgegeben und konnten ihn nur wenig unterstützen; seine Werke brachten ihm noch nichts ein; so lebte er *»in verzweifelter Abhängigkeit«* von einer vierteljährlichen Rente in Höhe von 100 Talern, die ihm sein Onkel Salomon ausgesetzt hatte. Ein Betrag, so gering, daß Heinrich ihn selbst seinen engsten Freunden nie verriet. Seinem Onkel *»tiefer ins Portemonnaie zu kriechen«*, dazu war Heinrich zu stolz. Und Schulden – wie so viele andere – machte er nie.

Nach sechsjähriger Studienzeit kehrte Heinrich schließlich nach Göttingen zurück, bestand sein juristisches Examen und schloß es schließlich mit dem Doktorgrad ab. Was aber damit anfangen, wo ihm doch der Kopf nach der freien Denkweise des Dichters und nicht nach der von Paragraphen eingeengten eines Juristen stand?

Salomon

Endstation Paris

Versuche, in Berlin ein Staatsamt, in München eine Professur zu bekommen, schlugen fehl. Heinrich fehlten die nötigen Beziehungen. Vorleistungen als Dichter der *»Jungen Leiden«* und der *»Harzreise«* und von bisher zwei Vers-Tragödien reichten nicht aus. Auch Onkel Salomons Einfluß vermochte es nicht, ihm beim Hamburger Senat eine Anstellung zu besorgen; lediglich als Zeitschriften-Redakteur fand er für wenige Monate eine wenig geliebte, weil an feste Zeiten gebundene Arbeit. Heinrich:
»Oh, könnte man doch nur der Zeit entlaufen, wie man einem Ort entläuft!«

Denn mehr als seine Stellenlosigkeit und die Ortswechsel bedrückten ihn die gesellschaftlichen Verhältnisse in Deutschland: die **Privilegien** des Adels, die Herrschaft der Kirche, die Machtlosigkeit des Volkes. Mit Macht dagegen zogen ihn die Ziele der Französischen Revolution von 1789 an; im besonderen die Égalité, das Ideal von der Gleichheit aller Menschen und der *»Sieg der armen Leute«,* wie er es nannte, der Bürger.

Was dem glühenden Verehrer deutschen Geistes an seinem Vaterland mißfiel, entdeckte Heinrich in der Zeit seiner Ruhelosigkeit in Frankreich. Zeitungen aus Paris brachten ihm *»Sonnenstrahlen, eingewickelt in Druckpapier«,* oder er deutete sie als Zeichen für ein neues Ziel, für das es wieder lohnte, *»dem kranken, verdrießlichen Leib soviel Lebensfreude als möglich«* abzutrotzen.

Ein tückisches Leiden kündigte sich Heinrich nämlich an. Doch 1830, als er im Hochsommer in Paris Einzug hielt, war davon außer den Kopfschmerz-Anfällen noch nicht viel zu spüren. Im Gegenteil. Heinrich galt als schöner Mann mit seiner hohen Stirn und seinem wallenden Blondhaar, und er hatte auf Anhieb Erfolg als Dichter und bei den Frauen.

»Fragt Sie jemand«, so schrieb er an einen Freund in Deutschland, *»wie ich mich hier befinde, so sagen Sie: Wie ein Fisch im Wasser, oder vielmehr, sagen Sie den Leuten, daß wenn im Meere ein Fisch den anderen nach seinem Befinden fragt, so antworte dieser: Ich befinde mich wie Heine in Paris!«*

Mathilde

Eigentlich hieß sie Crescentia Eugenie Mirat und war die nicht eheliche Tochter einer Bäuerin und eines nicht entdeckten »feinen« Herrn. Jung wurde sie in einen Haushalt nach Paris gegeben, konnte weder schreiben noch lesen, aber war von herzlichem, hilfreichen Wesen.

Crescentia galt als sehr hübsch, lebenslustig und phantasiebegabt und arbeitete als Verkäuferin in einem Schuhladen. Und dort entdeckte Heinrich sie. Er verliebte sich sogleich in das temperamentvolle Mädchen, holte sie nach kurzer Zeit zu sich nach Hause und nannte sie von da an Mathilde, weil er ihren eigentlichen Namen unaussprechlich und das deutsche Mathilde viel schöner fand.

Mathilde liebte Kleider, Bälle, ihren Henri und ihre Papageien und wollte das Leben unbeschwert genießen. Heinrich dagegen hätte Mathilde am liebsten eingesperrt, so eifersüchtig war er auf alles und jeden, für den oder das sich Mathilde begeisterte.

So beschimpfte er die Männer, mit denen sie tanzte, und vergiftete eines Tages sogar ihren Papagei Cocotte mit Rattengift, nur weil sie ihn »*mein Liebling*« genannt hatte. Sie stritten und vertrugen sich, zogen voneinander fort und wieder zusammen und heirateten – beide ruhiger geworden – erst viele Jahre später.

Zeit der Leiden

Kaum hatte das zweite Pariser Jahr begonnen, stellte sich die schreckliche Krankheit, die sich ja immer wieder zaghaft, aber unwiderruflich angekündigt hatte, mit ersten Lähmungserscheinungen ein.

Seit jeher von seiner Hörempfindlichkeit, von heftigen Kopfschmerzen und Migräne geplagt, lähmten schließlich Krämpfe seine Beine tage-, manchmal wochenlang. Die linke Hand war teilweise gelähmt, Sehstörungen traten auf. Das linke Auge schloß sich ganz. Das rechte, meist halb zugefallen, öffnete Heinrich zum besseren Sehen, indem er das Augenlid mit zwei Fingern anhob und festhielt. Schließlich verfiel Heinrichs Körper immer mehr. Er mußte getragen werden, wenn er das Bett verlassen wollte. Doch sein Geist war und blieb hellwach und lebendig. Sein Spott, seine Ironie büßten unter der Krankheit an Schärfe nichts ein. So scherzte er einmal, als man ihn aus dem Haus über die Straße trug: *»Seht, wie mich Paris auf Händen trägt!«*

Wenn die Schmerzen unerträglich wurden während der fürchterlichen Krämpfe, kam ein Arzt, preßte eine heiße Eisenkugel gegen seinen Nacken oder Rücken und streute in die entstandene Brandwunde linderndes **Opium** oder **Morphium**; Mittel, von denen Heinrich schließlich abhängig war.

Früh erfuhr Heinrich, daß dieses Rückenmarkleiden unheilbar war und in absehbarer Zeit seinen Tod bedeuten würde.

Zu Beginn kam und ging Heinrichs Krankheit wie Ebbe und Flut. Mal schwollen seine Krämpfe und Schmerzen an, und dann war er unfähig zu schreiben oder zu diktieren. Mal fühlte er sich wie befreit und setzte Wörter so leicht und frei zu Reimen und Strophen zusammen, als hätten sie Flügel.

> Leise zieht durch mein Gemüt
> Liebliches Geläute.
> Klinge, kleines Frühlingslied.
> Kling hinaus ins Weite.
>
> Kling hinaus bis an das Haus,
> Wo die Blumen sprießen.
> Wenn du eine Rose schaust,
> Sag, ich laß sie grüßen.

Zu Anfang konnte Heinrich an guten Tagen, auf einen Diener gestützt, noch das Haus verlassen und die Rosen, die er in seinem Gedicht grüßen ließ, manchmal noch selbst besuchen. Doch die Zeitspannen, in denen dies möglich war, wurden lang und länger.

Trotzdem war Heinrich kein weinerlicher Patient, kein grantelnder Schwerkranker, und nie verlor er seinen Humor. Als ihn einmal sein Patenkind Alice besuchte und sich von ihm, auf seinem Bettrand sitzend, eine Geschichte wünschte, erzählte er vom blauen Himmel und den Engeln und davon, daß sie von morgens bis abends soviel Kuchen essen könnten, wie sie mochten.

»Und wenn die Engel etwas besonders Leckeres gegessen und sich dabei den Mund verschmiert haben, dann wischen sie ihn mit ihren Flügeln wieder sauber.«

Bis hier kam Heinrich, als Alice empört rief: »Diese Schmutzfinken!«, und dann verstand sie nicht, daß Heinrich lachte, bis ihm die Tränen kamen.

Mit 51 Jahren legte sich Heinrich endgültig in sein *»Grab ohne Ruhe«*, in seine *»Matratzengruft«*, wie er seine Bettstatt aus vielen aufeinandergeschichten Matratzen getauft hatte. Hier schrieb er noch viele seiner wunderbaren Texte, empfing Besuche und durchlitt acht lange Jahre, von denen er schrieb:
»Sterben ist kein Unglück, aber jahrelanges Leid, ehe man es dahinbringt, zu sterben.«

Am 17. Februar 1856, einem Sonntag, brachte er es endlich dahin und starb.

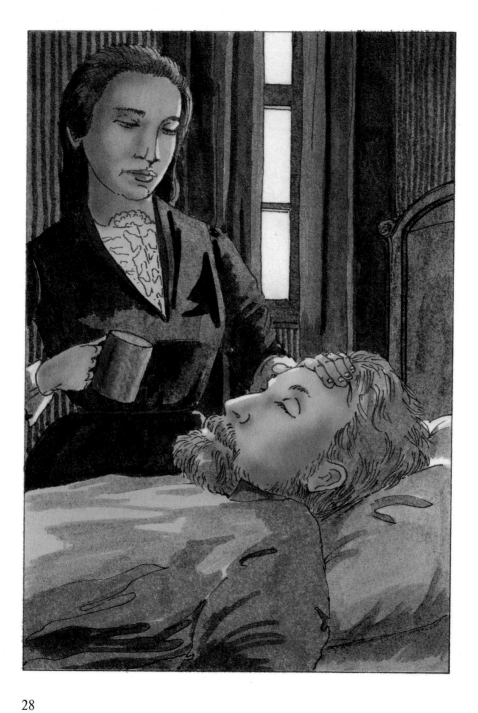

Seine letzten Worte – im Beisein seines Arztes Doktor Gruby und seiner Krankenschwester Catharine Bowlois (er hatte gebeten, seine Frau nicht zu wecken) – lauteten: »*Schreiben – Papier – einen Bleistift.*«

Mathilde, von der Heinrichs Freunde und Bekannte so wenig gehalten hatten, zeigte in dieser Zeit des Leidens ihre wahre Größe. Sie pflegte Heinrich aufopferungsvoll, duldete großherzig seine Geliebte **Mouche** und trug ihn an schönen Tagen auf den Balkon ihrer letzten Wohnung in der Avenue Matignon 3, von wo er in einen Park an den **Champs-Élysées** blicken konnte. Heinrich schrieb dort eines Nachmittags:
»*Mein Körper leidet große Qual, aber meine Seele ist ruhig wie ein Spiegel und hat manchmal ihre schönen Sonnenaufgänge und Sonnenuntergänge.*«
Treffsicher wie immer im Umgang mit der Sprache beschrieb Heinrich so seinen Zustand einmal selbst. Vielleicht schon ahnend, daß wir heute vor allem seinen Sonnenaufgängen viele der schönsten Beispiele deutscher Dichtkunst und deutscher Sprache verdanken.

Heinrich wurde, wie er es sich gewünscht hatte, nicht auf dem berühmten Friedhof Père Lachaise, sondern auf dem stillen **Cimetière Montmartre** begraben, und nur ein schlichtes »Henri Heine« schmückt einen kahlen Marmorblock. Auch das hatte er so gewollt.

Mathilde starb 1884 an Heinrichs 28. Todestag.

Heinrichs Vermächtnis

So glühend Heinrichs Liebe zu seinem deutschen Vaterland war, so scharf kritisierte er es auch. Das schuf ihm nicht nur Freunde, sondern auch Feinde über Lebzeiten hinaus.

Stritten die einen viele Jahrzehnte über für ein »Ehrenmal in Düsseldorf«, um ihren Dichter in seiner Stadt zu ehren, stritten andere gegen eine solche »Schandsäule in Düsseldorf«, weil Heine mehr dem französischen als dem deutschen Volk und Kaiser gehuldigt hätte.

Viele bekannte Dichter, Denker und Künstler von **Émile Zola** über **Friedrich Nietzsche, Arno Holz, Max Klinger, Ernst Haeckel, Gerhart Hauptmann, Max Liebermann, Hugo von Hofmannsthal** bis **Alfred Kerr** setzten sich für ein ehrendes Andenken ein. Vergeblich.

Und die **Nationalsozialisten** wollten ihn erst recht vergessen machen. Deshalb schrieben sie trotz besseren Wissens über sein wohl bekanntestes Gedicht und Lied:

Dichter unbekannt
Die Loreley

Ich weiß nicht, was soll es bedeuten,
Daß ich so traurig bin;
Ein Märchen aus alten Zeiten,
Das kommt mir nicht aus dem Sinn.

Die Luft ist kühl und es dunkelt,
Und ruhig fließt der Rhein,
Der Gipfel des Berges funkelt
Im Abendsonnenschein.

Die schönste Jungfrau sitzet
Dort oben wunderbar,
Ihr goldnes Geschmeide blitzet,
Sie kämmt ihr goldenes Haar.

Sie kämmt es mit goldenem Kamme,
Und singt ein Lied dabei;
Das hat eine wundersame,
Gewaltige Melodei.

Den Schiffer im kleinen Schiffe
Ergreift es mit wildem Weh;
Er schaut nicht die Felsenriffe,
Er schaut nur hinauf in die Höh.

Ich glaube, die Wellen verschlingen
Am Ende Schiffer und Kahn;
Und das hat mit ihrem Singen
Die Loreley getan.

Lorelay von H. Heine.

Ich weiß nicht was soll es bedeuten,
Daß ich so traurig bin;
Ein Märchen aus alten Zeiten,
Das kommt mir nicht aus dem Sinn.

Die Luft ist kühl und es dunkelt,
Und ruhig fließt der Rhein;
Der Gipfel des Berges funkelt
Im Abendsonnenschein.

Die schönste Jungfrau sitzet
Dort oben wunderbar;
Ihr goldnes Geschmeide blitzet,
Sie kämmt ihr goldenes Haar.

Sie kämmt es mit goldenem Kamme
Und singt ein Lied dabey;
Das hat eine wundersame
Gewaltige Melodey.

Den Schiffer im kleinen Schiffe
Ergreift es mit wildem Weh;
Er schaut nicht die Felsenritte,
Er schaut nur hinauf in die Höh'.

Ich glaube, die Wellen verschlingen
Am Ende Schiffer und Kahn;
Und das hat mit ihrem Singen
Die Lore=ley gethan.

Die »Loreley« in Heines Handschrift

Mit dem 100. Todestag im Jahr 1956 ist das Kriegsbeil im Streit um Anerkennung oder Ablehnung von Heinrichs Werk endlich begraben worden. 1965 wurde die Universität in Düsseldorf Heinrich-Heine-Universität genannt, und 1981 bekam er schließlich doch noch sein Ehrenmal.

Doch so wenig man ihn seitdem anfeindet, so wenig liebt man ihn trotzdem. Ein Mantel des Schweigens liegt immer noch über seinem Vermächtnis. Zeit also, daß man ihn wegreißt und endlich den vielleicht deutschesten aller deutschen Dichter neu entdeckt.

Sie gestatten doch, Heinrich Heine?

Kleines Volk

Kinderlied

Text: Heinrich Heine
Musik: Ulrich Türk

1. In ei-nem Piß-pott kam er ge - schwom - men, hoch-
zeit - lich ge - putzt, hin - ab den
Rhein. Und als er nach Rot- ter - dam ge -
kom - men, da sprach er: „Juf - fräu - ken,
willst du mich frein?" Da sprach er: „Juf -
fräu - ken, willst du mich frein?"

1. In einem Pißpott kam er geschwommen,
   Hochzeitlich geputzt, hinab den Rhein.
   Und als er nach Rotterdam gekommen,
   Da sprach er: »Juffräuken, willst du mich frein?«
   Da sprach er: »Juffräuken, willst du mich frein?«

2. Ich führe Dich, geliebte Schöne,
   Nach meinem Schloß, ins Brautgemach;
   Die Wände sind eitel Hobelspäne,
   Aus Häckerling besteht das Dach.
   Aus Häckerling besteht das Dach.

3. Da ist es puppenniedlich und nette,
   Da lebst Du wie eine Königin!
   Die Schale der Walnuß ist unser Bette,
   Von Spinnweb' sind die Laken drin.
   Von Spinnweb' sind die Laken drin.

4. Ameiseneier, gebraten in Butter,
   Essen wir täglich, auch Würmchengemüs',
   Und später erb ich von meiner Mutter
   Drei Nonnenfürzchen, die schmecken so süß.
   Drei Nonnenfürzchen, die schmecken so süß.

5. Ich habe Speck, ich habe Schwarten,
   Ich habe Fingerhüte voll Wein,
   Auch wächst eine Rübe in meinem Garten,
   Du wirst wahrhaftig glücklich sein!
   Du wirst wahrhaftig glücklich sein!

6. Das war ein Locken und Werben!
   Wohl seufzt die Braut: »Ach Gott! Ach Gott!«
   Sie war wehmütig, wie zum Sterben –
   Doch endlich stieg sie hinab in den Pott.
   Doch endlich stieg sie hinab in den Pott.

37

Der tugendhafte Hund

Text: Heinrich Heine
Musik: Ulrich Türk

Kinderlied

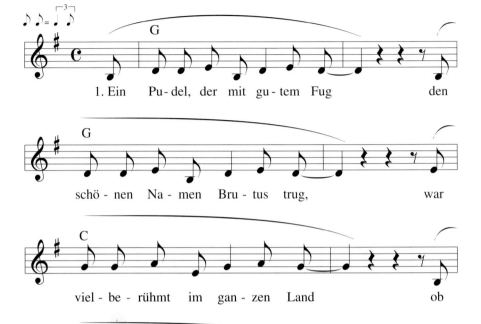

1. Ein Pu-del, der mit gu-tem Fug den

schö-nen Na-men Bru-tus trug, war

viel-be-rühmt im gan-zen Land ob

sei-ner Tu-gend, sei-nem Ver-stand. Er

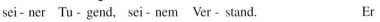

war ein Mu-ster der Sitt-lich-keit, der Lang-mut und Be-

schei-den-heit. Der gu-te Bru-tus, der e-dle

usw. mit
kleinen
Änderungen
in Melodie
und Abfolge

Hund!   Der gu-te Bru-tus,   der e - dle Hund!

1. Ein Pudel, der mit gutem Fug
   Den schönen Namen Brutus trug,
   War vielberühmt im ganzen Land
   Ob seiner Tugend, seinem Verstand.
   Er war ein Muster der Sittlichkeit,
   Der Langmut und Bescheidenheit.

   Der gute Brutus, der edle Hund!
   Der gute Brutus, der edle Hund!

2. Man hörte ihn loben, man hörte ihn preisen
   Als einen vierfüßigen Nathan den Weisen.
   Er war ein wahres Hundejuwel!
   So ehrlich und treu! Eine schöne Seel'!
   Auch schenkte sein Herr ihm in allen Stücken
   Volles Vertrauen, er konnte ihn schicken

   Sogar zum Fleischer, der edle Hund!
   Sogar zum Fleischer, der edle Hund!

3. Der edle Hund trug dann einen Hängekorb im Mund,
   Worin der Metzger das schöngehackte
   Rindfleisch, Schaffleisch auch Schweinefleisch packte.
   Wie lieblich und lockend das Fett gerochen,
   Der Brutus berührte keinen Knochen,
   Und ruhig und sicher, mit stoischer Würde,
   Trug er nach Hause die kostbare Bürde.

   Sogar vom Fleischer, der edle Hund!
   Sogar vom Fleischer, der edle Hund!

4. Doch unter den Hunden wird gefunden,
Auch eine Menge von Lumpenhunden
Wie unter uns –, gemeine Köter,
Tagdiebe, Neidharde, Schwerenöter,
Die ohne Sinn für sittliche Freuden
Im Sinnenrausch ihr Leben vergeuden!
Verschworen hatten sich solche Racker
Gegen den Brutus, der treu und wacker
Mit seinem Korb im Maule nicht
Gewichen von dem Pfad der Pflicht!

Der gute Brutus, der edle Hund!
Der gute Brutus, der edle Hund!

5. Und eines Tages, als er kam
Vom Fleischer und seinen Rückweg nahm
Nach Hause, da ward er plötzlich von allen
Verschworenen Bestien überfallen;
Da ward ihm der Korb mit dem Fleisch entrissen,
Da fielen zu Boden die leckersten Bissen,
Und fraßbegierig über die Beute
Warf sich die ganze hungrige Meute.

6. Brutus sah anfangs dem Schauspiel zu
Mit philosophischer Seelenruh';
Doch als er sah, daß solchermaßen
Sämtliche Hunde schmausten und fraßen,
Da nahm auch er an der Mahlzeit teil
Und speiste selbst eine Schöpsenkeul.

Der gute Brutus, der edle Hund!
Der gute Brutus, der edle Hund!

7. Auch du, mein Brutus, auch du, du frißt?
So ruft wehmütig der Moralist.
Ja, böses Beispiel kann verführen;
Und, ach! gleich allen Säugetieren:
Nicht ganz und gar vollkommen ist
Der tugendhafte Hund – er frißt!
Der tugendhafte Hund – er frißt!
Der tugendhafte Hund – er frißt!

40

„In mein gar zu dunkles Leben" / Heimkehr Nr. 1

Text: Heinrich Heine
Musik: Ulrich Türk

Kinderlied

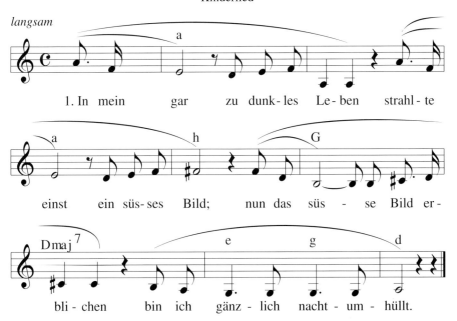

1. In mein gar zu dunkles Leben,
   Strahlte einst ein süßes Bild,
   Nun das süße Bild erblichen,
   Bin ich gänzlich nachtumhüllt.

2. Wenn die Kinder sind im Dunkeln,
   Wird beklommen ihr Gemüt,
   Und um ihre Angst zu bannen,
   Singen sie ein lautes Lied.

3. Ich, ein tolles Kind, ich singe
   Jetzo in der Dunkelheit;
   Klingt das Lied auch nicht ergötzlich,
   Hat's mich doch von Angst befreit.

„Mein Kind, wir waren Kinder" / Heimkehr Nr. 38

Text: Heinrich Heine
Musik: Ulrich Türk

Kinderlied

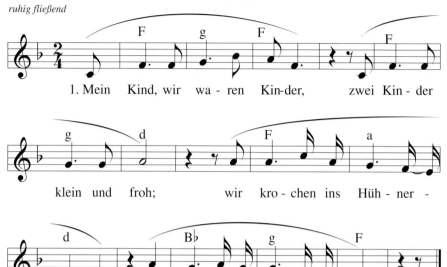

1. Mein Kind, wir wa-ren Kin-der, zwei Kin-der
klein und froh; wir kro-chen ins Hüh-ner-
häus-chen, ver-steck-ten uns un-ter das Stroh.

1. Mein Kind, wir waren Kinder,
   Zwei Kinder, klein und froh;
   Wir krochen ins Hühnerhäuschen,
   Versteckten uns unter das Stroh.

2. Wir krähten wie die Hähne,
   Und kamen Leute vorbei –
   »Kikereküh!« sie glaubten,
   Es wäre Hahnengeschrei.

3. Die Kisten auf unserem Hofe,
   Die tapezierten wir aus,
   und wohnten drin beisammen
   und machten ein vornehmes Haus.

4. Des Nachbars alte Katze
   Kam öfters zum Besuch;
   Wir machten ihr Bückling und Knickse
   Und Komplimente genug.

5. Wir haben nach ihrem Befinden
   Besorglich und freundlich gefragt;
   Wir haben seitdem dasselbe
   Mancher alten Katze gesagt.

6. Wir saßen auch oft und sprachen
   Vernünftig, wie alte Leut,
   Und klagten, wie alles besser
   Gewesen zu unserer Zeit;

7. Wie Lieb und Treu und Glauben
   Verschwunden aus der Welt,
   Und wie so teuer der Kaffee,
   Und wie so rar das Geld!

8. Vorbei sind die Kinderspiele,
   Und alles rollt vorbei –
   Das Geld und die Welt und die Zeiten,
   Und Glauben und Lieb und Treu.

13. Dez. 1797	in Düsseldorf geboren
1800	wird zur Strafe in Hühnerstall eingesperrt
1803	mischt seiner Lehrerin Sand in den Schnupftabak
1810	Violine-Lehrer wird gekündigt
1811	Tanz-Lehrer fliegt auf den Mist
1817	Begegnung mit Kusine Amalie
1818	Student in Bonn
1820	verhindertes Duell in Göttingen
1824	40 Freiexemplare als erstes Honorar für »Die Tragödien nebst einem lyrischen Intermezzo«
1825	Examen bestanden; Taufe; heißt jetzt Heinrich
1827	Erscheinen von »Buch der Lieder«
1830	Paris
1846	in der Presse totgesagt; macht Testament
1848	zieht aus der Rue d'Amsterdam in die Avenue Matignon
17. Feb. 1856	in Paris gestorben
17. Feb. 1884	Mathilde gestorben

Absolutismus	Staatsform, uneingeschränkte Herrschaft
Bergpredigt	Predigt Jesu, von Matthäus überliefert
Bohémien	einer aus dem Künstlermilieu
Censeur	französisch für Prüfer, Beurteiler
Champs-Élysées	Prachtstraße in Paris
Cimetière	französisch für Friedhof
Diwan	niedriges Liegesofa
Égalité	französisch für Gleichheit
Exil	Verbannung, Ort der Verbannung
Französische Revolution	1789 Aufbegehren des nach sozialer und politischer Gerechtigkeit strebenden Bürgertums gegen die Monarchie des Absolutismus
Fraternité	französisch für Brüderlichkeit
Großherzogtum Berg	Gebiet zwischen Rhein, Ruhr und Sieg der Grafen von Berg ab 1101; 1806 unter Napoleons Schwager Murat, 1809–1815 Teil Frankreichs; ab 1946 zu Nordrhein-Westfalen gehörend
Häckerling	oder Häcksel, Schnittstroh
Intermezzo	Zwischenspiel, Zwischenfall
Juffräuken	alter Ausdruck für Jungfrau oder Fräulein
Jurisprudenz	Rechtswissenschaft
Kommilitone	Studiengenosse
Kuratorium	Aufsichtsbehörde bei Hochschulen u. a.
Liberté	französisch für Freiheit
Liverpool	englische Hafenstadt
Lyzeum	Gymnasium für Mädchen
Manufakturwaren	Web- und Wirkwaren, Tuche

Montmartre	Hügel in Paris, Künstlerviertel
Morphium	Schmerzmilderungs- und Rauschmittel
Mouche	französisch für Fliege, hier als Kosename
Nationalsozialisten	Anhänger des Nationalsozialismus, nach dem 1. Weltkrieg extrem nationale, imperialistische (machterweiternde) und rassistische (gegen bestimmte Rassen gerichtete) Bewegung
Opium	aus Schlafmohn gewonnenes Betäubungs- und Rauschmittel
Privilegien	Vorrechte
Proviseur	französisch für Verwalter des Geldes
Prorektor	Stellvertreter des Leiters einer Hochschule
Reformator	Erneuerer
Remise	französisch für Scheune, Garage
Schöpsenkeul	Schöps = Hammel, Hammelkeule
Stoiker, Stoa, stoisch	Anhänger der griechischen Philosophie der Stoa; unerschütterlich
Talmud	Sammlung der Gesetze und Überlieferungen des Judentums
Tambour	französisch für Trommel
Tragödie	Trauerspiel, griechische Theaterform
traktieren	quälen, ärgern

Chamisso, Adalbert von	Schriftsteller der Spätromantik, 1781–1838; schrieb u. a. »Peter Schlemihls wundersame Geschichte«
Goethe, Johann Wolfgang von	einer der größten deutschen Dichter, 1749–1832; neben Schiller Hauptvertreter der Weimarer Klassik, schrieb Romane, Gedichte und Dramen wie »Faust«
Grabbe, Christian Dietrich	Dramatiker des Realismus, 1801–1836; schrieb u. a. »Die Hermannsschlacht«
Haeckel, Ernst	Naturwissenschaftler und Philosoph, 1834–1919; Vertreter des Positivismus (nur was beweisbar ist, ist wirklich)
Hauptmann, Gerhart	Dramatiker des Naturalismus, 1862–1946; 1912 Nobelpreis für Literatur, schrieb u. a. »Die Weber«
Hegel, Georg Wilhelm Friedrich	Philosoph, 1770–1831; steht zwischen Romantik und Realismus, untersuchte die Rolle der Kunst in der Geschichte
Hofmannsthal, Hugo von	österreichischer Dichter der Jahrhundertwende, 1874–1929; schrieb Gedichte, Essays und Dramen wie »Jedermann«
Holz, Arno	Schriftsteller des Naturalismus, 1863–1929; behandelte soziale Themen, schrieb u. a. »Papa Hamlet« (mit Johannes Schlaf)
Humboldt, Wilhelm von	Sprachforscher, Kritiker, Vertreter des klassischen Bildungsideals, 1767–1835
Kerr, Alfred	eigentlich Kempner, Schriftsteller und Theaterkritiker, 1867–1948
Klinger, Max	Maler und Bildhauer, 1857–1920
Liebermann, Max	Maler und Graphiker, 1847–1935
Napoleon Bonaparte	französischer Feldherr, 1769–1821, und Kaiser von 1804 bis 1814

Nathan der Weise	Hauptfigur aus Gotthold Ephraim Lessings gleichnamigem Drama, steht für Toleranz
Neidhard	mittelalterlicher Name, bedeutet »harte Gesinnung«; Neidhart von Reuenthal war Minnesänger im 13. Jahrhundert
Nietzsche, Friedrich	Philosoph, Philologe (Sprach- und Literaturforscher) und Dichter, 1844–1900; schrieb u. a. »Also sprach Zarathustra«
Ranke, Leopold von	Historiker (Geschichtswissenschaftler), 1795–1866
Rothschild	berühmte Bankierfamilie
Shakespeare, William	großer englischer Dichter und Dramatiker des Elisabethanischen Zeitalters, 1564–1616; schrieb Sonette und Dramen wie »Romeo und Julia«
Zola, Émile	französischer Schriftsteller des Naturalismus, 1840–1902